Padrões de qualidade sustentáveis e amigos do ambiente para hotéis e restaurantes

Parte Um:
Gestão da Qualidade para a Gestão das Operações

Frank Höchsmann

Sustentável e amigo do ambiente
Padrões de qualidade para hotéis
e restaurantes

Primeira parte:
Gestão de qualidade para
a gestão

Prefácio

A indústria hoteleira e turística está a mudar em todo o mundo e está a passar por tempos tempestuosos neste momento. Por um lado, estamos lidando com a pandemia do coronavírus, por outro lado, com a onda de digitalização e mudanças nos desejos dos turistas e hóspedes.

Assumimos estes grandes desafios e apresentamos-lhe padrões de qualidade sustentáveis e amigos do ambiente para hotéis e restaurantes. Dividimos os padrões de qualidade em três livros de referência para torná-los mais práticos.

A primeira parte contém padrões de qualidade para a gestão, a segunda parte contém padrões de qualidade para a área do hotel e a terceira parte contém padrões de qualidade para a área do restaurante.

Os nossos padrões de qualidade são testados em campo e aprovados pelo TÜV.

Esta parte contém os padrões de qualidade para a gerência, os representantes de qualidade, a gerência de pessoal, assim como o escritório e o marketing.

Ao implementar padrões de qualidade sustentáveis e amigos do ambiente, o consumo de energia e água é comprovadamente reduzido. Por outro lado a eficiência e a motivação dos funcionários aumenta.

Desejo-lhe muita diversão e sucesso na introdução dos padrões de qualidade.

Com os melhores cumprimentos, os seus

Frank Höchsmann   Berlim: Verão 2024

Economista empresarial certificado pelo Estado no sector da hotelaria e restauração
Diplombetriebswirt Touristik e auditor de qualidade
de acordo com DIN EN ISO 9000 ff

Conteúdo

Uma dica:

- As seguintes informações são fornecidas apenas a título informativo.
- Esta é uma apresentação da formação e experiência profissional do autor, mas não pretende ser exaustiva.
- Não é assumida qualquer responsabilidade pela exatidão do conteúdo.
- Por razões de simplificação e melhor legibilidade, a forma masculina é frequentemente utilizada.
- Estamos comprometidos com o Artigo 3 da Lei Básica (igualdade de todas as pessoas).

1. Diretor Gerente de Padrões de Qualidade / Gerente de Operações

1.1. Lista de verificação: Avaliação da gestão da fazenda

A gerência verifica por si própria ou verificou por si própria 1-2 vezes por ano utilizando a seguinte lista de verificação. Os resultados são resumidos num breve relatório com possíveis medidas corretivas ou de melhoria. O gerente de qualidade avalia os resultados. As medidas corretivas são tomadas em conjunto com a administração.

Critérios	Sim	Não	Comentário
Política de Qualidade / Declaração de Missão			
Objectivos de qualidade			
Objetivos económicos			
Termos e condições gerais			
Política de pessoal:			
Organigrama			
Descrição do trabalho			
Plano de formação			
Instruções processuais e de trabalho			
Formulário de avaliação de pessoal			
Normas operacionais:			
Receção & Reservas			
Administração Interna e Tecnologia			
Serviço & Cozinha			
Eventos & Spa			
Barómetro de Qualidade de Serviço			
Clientes / Clientes			
Empregados/trabalhadores externos			
Outros............................			

Avaliação realizada por   :______________, data________

1.2. Lista de verificação: Principais números operacionais

Nossos principais índices operacionais podem ser vistos no BWA atual e no balanço patrimonial. (ver BWA atual e o balanço patrimonial)

Outros indicadores económicos:

Indicador	Ano 1	Ano 2	Ano 3	Comente
Número de funcionários				Em média
Número de empreiteiros				Em média
Agências de viagens				Em média
Corporativo Parceiro				Em média
OTA				Agência de Viagens Online
MICE				Reuniões, Incentivos, Convenções, Eventos
Diretamente Bucher				por exemplo, página inicial
Logis total				a
F&B total				b
Outras receitas				c
Volume de negócios total				a+b+c

Criado por: _________________________________, data: ____________

1.3. Lista de verificação: Plano de investimento

Recomendação: Você pode preencher esta tabela com "pequenos" investimentos, em conexão com os padrões de qualidade, e então verificá-la anualmente como parte de uma auditoria interna.

Departamentos / Subdepartamentos Campos de atividade	Ano 1	Ano 2	Ano 3	Ano 4	Sim/Não Data
Administração					
Administração: • Contabilidade/Finanças • Escritório de pessoal/Desenvolvimento • Acampamento • Manutenção/Serviços Técnicos • Marketing & Vendas					
Alojamento: • Sistema telefónico • Escritório de Reservas • receção • Departamento da Governanta					
Catering: • Cozinha • Restaurante • Serviço de quarto • Bar/Café • Área de Bem-Estar • Área de banquetes e conferências (eventos)					
Investimento total					
Comente:					

Aprovado por: ______________________________, data:

____

1.4. Questionário: Análise e avaliação WEB

Para poder responder ao seguinte questionário, pedimos-lhe que pesquise na Internet e avalie os resultados. Excelentes soluções e resultados recebem 10 pontos, os inexistentes 0 pontos.
Por último, mas não menos importante, você pode calcular o indicador WEB. Desejamos-lhe muita diversão. (Por favor, coordene com o Marketing, pois o departamento também pode avaliar)

Avaliação do site:

Fazenda analisada: (nome)	....						Local/data:
Perguntas	10	8	6	4	2	0	Comentários
1. Como você classificaria o seu site? Muito bom = 10							
2. Construção rápida do site?							10 = -4', 8 = -10'6 = -15', 4 = -20'
3. Eye Catcher?							Gráficos e imagens apropriados e concisos
4. Desenho adequado? (Cores, estilo, design corporativo)							Unambiguous & minimalist?
5. Informação significativa para os motores de busca?							Textos curtos, com significado, palavras-chave, etc.
6. Largura e profundidade das descrições dos produtos?							Descrição completa da oferta
7. Actualidade da informação na WEB							Preços actuais, eventos, datas, etc.
8. Social Media Marketing - Conexão? Blog?							Facebook, Twitter, Blog Corporativo, etc.
9. Navegação simples e clara?							3-5 Botões do Menu Principal com 5-7 sub-pontos!
10. Feedback possível?							Acesso ao formulário de contacto a partir de cada página!
Pontos alcançados:							

- Excelente 100-91
- Muito bom 90-81
- Bom 80-71

- Satisfatório 70-61
- Pobres 60-51
- Insatisfatório 50-00

Forças:	Pontos fracos:	Comente

1.5. Forma: Análise de risco

Recomendação: Por favor, preencha e arquive 1 X por ano.

Áreas/locais de actividade e Fontes de perigo	Área administrativa	Hotel-área	Restaurante - área	Outras áreas
1. perigos físicos:				
lascas de madeira/ lascas de metal/ lascas de vidro				
Pequenas pedras/ areia/ corpos estranhos				
Perigos químicos:				
Limpeza / desinfectante / químicos				
3. Riscos biológicos:				
Bactérias/Salmonela				
Vírus / Parasitas				
Molde				
4. outros perigos:				
Erros de organização				
Sobrecarga física / física				
Psicológico / bullying / sobre e sub e sub desafio				

Avaliação de risco e avaliação de acordo com pontos:

Vermelho10-8	pontos	=Correio	elevado
Amarelo7-4	pontos	=risco	médio
Pontos Verdes3-0	pontos	=Baixo	risco

1.6. Formulário: Plano de manutenção

Recomendação: Por favor, introduza todos os equipamentos, dispositivos, instrumentos e/ou unidades auxiliares que requerem manutenção na lista de datas de inspeção e nomeie uma pessoa responsável.

Sequência não.	Dispositivos, Instrumentos, Anexos	Data do teste		Empresa de manutenção	Responsável
		Último	Próximo		

Verificado: Data:

1.7. Circular: Representante de Qualidade

O representante da qualidade foi nomeado diretamente pela gerência. O representante da qualidade da nossa organização reporta diretamente à direção da empresa. Ele/ela é o elo de ligação entre a gerência e os funcionários.
O responsável pela qualidade, juntamente com a gerência, é responsável pela implementação e aplicação dos padrões de qualidade.

A gerência está permanentemente informada sobre a eficiência da gestão da qualidade. Em consulta com a gerência, o gerente de qualidade faz melhorias no sistema e as implementa de forma eficaz.

Em caso de problemas de qualidade previsíveis ou detetados precocemente, ele/ela tem autoridade explícita para interromper o serviço até que o requisito de qualidade seja restabelecido e também identificável. Além disso, ele/ela realiza verificações de qualidade e dirige todos os documentos e registros de qualidade.

O representante da qualidade é a Sra. / o Sr.

____

Gerente / proprietário gerente: ____________________________

Local/data:

1.8. Circular: Organigrama

<table>
<tr><td colspan="3" align="center">Gerente
Adjunto GF</td></tr>
<tr><td colspan="3" align="center">⇩</td></tr>
<tr><td colspan="3" align="center">Responsável pela Qualidade</td></tr>
<tr><td align="center">⇗</td><td align="center">⇩</td><td align="center">⇘</td></tr>
<tr><td>Divisão Quartos</td><td>Administração e Pessoal</td><td>Alimentos & Bebidas</td></tr>
<tr><td>Recepção</td><td>Funcionários</td><td>Cozinha</td></tr>
<tr><td>Reservas</td><td>Contabilidade</td><td>Pequeno almoço</td></tr>
<tr><td>Administração doméstica</td><td>Finanças</td><td>Restaurante</td></tr>
<tr><td>Tecnologia doméstica</td><td>Marketing & Vendas</td><td>Banquete & Eventos</td></tr>
<tr><td colspan="3" align="center">Proteção de dados e controle de qualidade / CIP</td></tr>
</table>

Recomendação: Por favor, elabore o organograma sem nomes. Isto irá poupá-lo de ter de fazer correções quando os funcionários mudam.

1.9. Circular: Política de qualidade

A nossa política de qualidade:
O principal objetivo da nossa empresa é a satisfação dos hóspedes e clientes. Como administradores, declaramos expressamente a nossa vontade de cumprir e superar este requisito de qualidade. A qualidade de todos os nossos serviços internos e externos é permanentemente melhorada e consolidada. Todas as medidas para garantir a nossa qualidade são, portanto, parte integrante da nossa política de qualidade.
Através destas medidas, motivamos os nossos colaboradores a realizar as suas actividades de acordo com o conteúdo desta documentação padrão de qualidade. Desta forma, reforçamos a nossa competitividade e asseguramos empregos.
Estamos também conscientes de que a introdução das normas pode causar mudanças no local de trabalho. Os nossos planos são implementados com sucesso através do compromisso e dedicação acima da média do nosso pessoal. Nós fornecemos os meios e recursos necessários na medida adequada.
A gerência avalia a gestão da qualidade e os padrões de qualidade através de relatórios periódicos dos responsáveis pela qualidade sobre o status de implementação, aplicação e eficácia do sistema. Caso sejam identificados erros ou desvios, a direção decide sobre a implementação e o âmbito das medidas corretivas adequadas. A eficácia destas correções é monitorizada.
A política de qualidade também aumenta a responsabilidade da gerência. A direção está consciente do seu novo papel e compromete-se expressamente a participar na evolução positiva dos padrões de qualidade e a promovê-los dentro de um quadro economicamente justificável.

Diretor Gerente / Gerente de Operações
    Local/data:

Recomendação: Os estabelecimentos que foram inspecionados e certificados por nós publicam esta política de qualidade no lobby e em seu website.

1.10. Descrição das funções: Diretor Geral(Gerente de Operações)

Operação:	
Departamento:	Gestão da empresa/ Administração
Designação da função:	Diretor Administrativo/Diretor Administrativo
Aposto no emprego:	Nome do atual titular do cargo
Os titulares de cargos reportam a:	Acionista / Proprietário
Cooperação com:	Todos os departamentos e chefes de departamento
Pessoal subordinado:	Todos
representa/substitui o titular do cargo:	Administração
Substituição:	Rececionista / Chefe de Departamento
Objectivo do posto:	Execução de tarefas de gestão tendo em conta os objetivos da política empresarial (rentabilidade, satisfação dos hóspedes, melhoria da qualidade, otimização da ocupação)
Descrição das funções/ Tarefas e responsabilidades	Tarefas de planejamento e tomada de decisões: • Elaboração de planos de marketing • Elaboração de planos orçamentais • Desenvolvimento de estratégias/planos de vendas • Desenvolvimento de diretrizes de compras • Codesigna de padrões de qualidade Tarefas de execução: • Elaboração de previsões de negócios • Preparação de análises da concorrência • Monitoramento constante do mercado de compras

	• Cálculo dos preços tendo em conta a margem de contribuição e a concorrência • Implementação dos vários planos • Criar procedimentos organizacionais Gestão de recursos humanos: • Determinar a política de pessoal • Criar planos de treinamento (em coordenação com o FBL e QMB) • Recrutamento e despedimento de funcionários Rever, monitorar, controlar: • Elaboração de demonstrações de resultados/liquidez • Revisão da qualidade do - Administração • Revisão de compras e armazenamento • Verificação das instalações técnicas da fazenda • Monitoramento das normas de higiene e segurança no local de trabalho • Efectuar benchmarking a intervalos regulares
Equipamento de trabalho:	Hardware e software Padrões de qualidade com a documentação de qualidade que acompanha o produto
Condições de trabalho:	Dependendo das necessidades, também horários de trabalho irregulares, por exemplo, domingos e feriados
Poderes especiais:	Tem todos os poderes profissionais e legais, incluindo os direitos de senhorio

Anotado: __________________________Data: ______

1.11. Agindo de forma sustentável e ambientalmente consciente

Agir de forma sustentável em prol do meio ambiente: Esta lista de verificação ajuda-nos a analisar alguns aspetos da acão sustentável. A lista não pretende ser completa. Ajuda-nos a ter uma visão inicial da gestão ambiental. (Fonte: de acordo com DEHOGA)

1. poupança de energia Economize energia com detetores de movimento, luzes LED, refrigeradores AAA, etc.	
2. plantas verdes como melhoria do ar Grandes plantas ornamentais e em vasos também como divisores de espaço	
3. agentes de limpeza e desinfetantes Utilizar agentes de limpeza e desinfetantes facilmente degradáveis; água quente e/ou vaporizadores são também uma boa alternativa.	
4. garrafas de depósito e embalagens reutilizáveis Utilização de garrafas e embalagens reutilizáveis, recipientes grandes, etc.	
5. móveis de madeira maciça Usar o máximo de móveis de madeira maciça possível	
6. comprar regionalmente Comprar comida da região. Contratação de artesãos / prestadores de serviços da área local	
7. Flores cortadas Flores cortadas de viveiros regionais	
8. cursos de gestão ambiental Formação dos colaboradores sobre o tema do ambiente	
9. Evitar o plástico. Evitar loiça de plástico, talheres, copos, palhinhas, decorações, etc.	
10. economizar água Poupar água com água da chuva, arejadores, botões de economia para WC, sensores, etc.	
Pontos alcançados?	

1.12. O que se poupa com a sustentabilidade e o respeito pelo meio ambiente?

Como parte de um projeto da UE, introduzimos normas de qualidade amigas do ambiente num hotel 3*. Após a implementação dos padrões de qualidade HOTQUA, a eficiência e o valor agregado resultante foram medidos após um ano. Verificou-se que, no primeiro ano após a implementação, foi criado um valor acrescentado de mais de 1.000 euros por colaborador.

Os anos seguintes continuaram a ser um sucesso para o hotel.

Valor añadido mediante estándares de calidad
Ejemplo: Hotel con 10 empleados

Descripción	Valor por año
Limpieza: Ahorro de 10 Minutos por día y mucama	-7 días
Ahorro por reducción de basuras	-30%
Reparación de cortadora de césped (reducción de tiempo)	-18 días
Aumento de los clientes asiduos gracias a la mejora de la calidad del servicio	+20%
Tarjeta Gourmet	+30%
Reducción del consumo de agua	-50%
Ahorro en "atenciones para los huéspedes" (bebidas gratis)	-50%

Fonte:
- EUROB (Rota Europeia do Tijolo Gótico) e
- Fórum do Turismo Sustentável, a partir de 18.02.2021

2. Padrões de qualidade Representante(s) de qualidade

2.1. Instrução de trabalho: Reclamações de hóspedes

Caros empregados,
Pedimos a todos os funcionários do nosso estabelecimento que lidem com queixas e reclamações utilizando as seguintes técnicas. Sabemos também que apenas hóspedes satisfeitos voltam para nós ou nos recomendam a outros.

Os hóspedes queixosos são bons hóspedes porque, por um lado, sabemos em que pé estamos e, por outro, temos a oportunidade de corrigir o erro ou queixa.

Através desta acção, a qualidade dos nossos serviços e produtos é constantemente melhorada e conduz assim a uma maior fidelização dos nossos clientes e utilização das nossas capacidades. Os empregos são preservados ou recém-criados.

Com os melhores cumprimentos,
A sua gestão

Ferramentas de prevenção de erros: ver página seguinte para detalhes

Ferramentas de prevenção de erros:

Ferramenta de prevenção de erros	Breves comentários sobre as ferramentas de prevenção de erros
Informação para convidados	• Declarações claras e fáceis de entender sobre os nossos serviços e preços. • Modalidades de pagamento e termos e condições • Apresentação uniforme da empresa em material publicitário impresso e na Internet
Análises de erros	• Efectuar análises regulares de erros • Avaliação dos questionários dos convidados • Avaliação das conversas com os convidados • Testes Mistério (de Hotqua) • Análise ABC / Pareto
Medidas de prevenção de erros	O que deve fazer quem, quando e quanto nos custa a ação para eliminar o erro X ou Y?
Compromisso do fornecedor e colega	Falamos com os nossos fornecedores e colegas sobre o nosso programa de prevenção de erros e obrigamo-los a participar nas medidas de garantia de qualidade.
Motivação de fornecedores e colegas	Elogiar, encorajar a cooperação, informar e treinar regularmente
Medidas de formação	Medidas permanentes de educação e formação contínua, porque a formação motiva os colaboradores e assim contribui para a melhoria da qualidade.

Anotado: _________________Data: _____________

2.2. Instrução de trabalho: Esquema de sugestão(exemplo)

Caros empregados,

Pedimos a todos os funcionários da nossa empresa que apresentem por escrito à gerência pelo menos uma sugestão de melhoria por trimestre em relação à qualidade do serviço.

Através desta acção, a qualidade dos nossos serviços e produtos é constantemente melhorada e conduz assim a uma maior satisfação dos nossos clientes e utilização das nossas capacidades. Os empregos são preservados ou recém-criados.

Todas as sugestões de melhoria são cuidadosamente analisadas por nós e, se for o caso, mais desenvolvidas.

A melhor ideia ou sugestão de melhoria é premiada. Os prêmios são determinados e anunciados com antecedência.

De julho até dezembro inclusive, o vencedor da melhor idéia(s) será premiado com um jantar para dois no nosso restaurante. O(s) vencedor(es) e um acompanhante podem desfrutar de comida e bebidas ilimitadas "a la carte" no nosso restaurante.

Anunciamos os prêmios que serão distribuídos a partir de janeiro em diante com antecedência.

Continuamos à espera das suas ideias criativas,

com os melhores cumprimentos,

A sua gestão

Formulário: ver página seguinte

Formulário Sugestão para melhorar a Qualidade

Gerador de ideias:	Departamento:	Data:
Descrição da ideia:		
Breve comentário do supervisor:		
Redução de custos:	Por processo:	Por ano:
Custos de lançamento:	Nomeação:	Responsável:

Anotado: _______________________Data: _____________

2.3. Lista de verificação: Objetivos de qualidade

Data	Parâmetro	Os nossos objetivos de qualidade	Responsabilidade principal
	Inquérito aos hóspedes do hotel	10% de todos os hóspedes do hotel	Funcionários do hotel
	Inquérito aos hóspedes do restaurante	10% de todos os clientes do restaurante	Funcionário de serviço
	Levantamento dos participantes do evento	5% do total Mesmo os participantes	Pessoal do evento
	Nível de satisfação dos hóspedes do nosso hotel	Em média, pelo menos 85	Funcionários do hotel
	Nível de satisfação dos hóspedes do restaurante	Em média, pelo menos 85	Gerente e pessoal do restaurante
	Nível de satisfação dos participantes do nosso evento	Em média, pelo menos 85	Gerente e pessoal do restaurante
	Tocando o telefone	Não mais do que 3 X	Todos
	Verificação - a tempo	1-3 minutos Rápido 3-6 minutos Normal 6-9 minutos Grupos	Pessoal de receção em serviço
	Confira - tempo de saída	1-3 minutos Veri. rápida. 3-6 min. Verif.. normal. 6-9 min. Verif. do grupo.	Pessoal de receção em serviço
	Tempo de serviço	3-5 minutos de bebidas10-20 minutos de comida	Pessoa de serviço
	Nível de bem estar do Mestrado	Em média, pelo menos 85	Administração e corpo docente
	Medidas de formação /Formação	2 treinamentos por ano (sem treinamento obrigatório)	Responsável pela Qualidade
	Nível de satisfação dos participantes do nosso treinamento	Entre 80-90%	Representante de qualidade
	Rotatividade dos empregados / alteração de Mestrado	< 5% Menos de 5 por cento	Administração

Medidas em caso de não cumprimento:

2.4. Lista de verificação: Plano de formação

Empregados	Workshop	Data	Sim/Não
1. Gestão de operações	Gestão de qualidade Gestão de Recursos Humanos		
2. Representante de qualidade	Gestão de qualidade Gestão de Reclamações		
3. chefe de departamento	Gestão de qualidade Gestão de vendas		
4. Funcionários do hotel	Hotel de qualidade de serviço Gestão do Receção		
5. Pessoal do restaurante	Qualidade de serviço Descanso. Gestão de Higiene		
6. Eventos de Pessoal	Gestão de qualidade Gestão de eventos		
7. Bem-estar dos Funcionários	Gestão de qualidade Gestão do bem-estar		
8. Outros empregados	Qualidade de serviço Reclamações de hóspedes		
9. Pessoal de apoio			

Controlado: por: Assinatura:

Recomendação: Valorize os seus colaboradores e forme-os, porque chegamos ao século da mudança permanente. O que é atual hoje pode já estar obsoleto amanhã, lembre-se disso!

2.5. Formulário: Avaliação dos treinamentos

A formação do pessoal é avaliada para verificar se os cursos de actualização, sessões de formação ou formação contínua são úteis para a empresa. No formulário abaixo, não entre apenas treinamentos externos, mas também medidas internas. A avaliação das acções de formação é realizada através do Questionário dos Participantes de Formação.

Data	Formação	Nome	Avaliação	Comentário

Avaliação	Pontos ou %	O seu valor
Excelente	100-91	Sistema de semáforos:
Muito bom.	90-81	Verde = 81-100 Bom
Bom	80-71	para a empresa
Satisfatório	70-61	Amarelo = 61 - 80 Ainda bom
Pobre	60-51	Vermelho = 00 - 60
Insuficiente	50-00	Inaceitável

2.6. Questionário: Hotel hóspede

Caro Convidado,

Temos muito prazer em recebê-lo como nosso convidado. Em nossa casa damos grande importância à qualidade e absoluta satisfação dos hóspedes. Só podemos alcançar estes altos padrões com a sua ajuda. Portanto, pedimos-lhe que responda espontaneamente às seguintes perguntas. Agradecemos-lhe pelo seu esforço e esperamos vê-lo novamente.

Com os melhores cumprimentos,   A sua gestão hoteleira

Como você avalia......... (10/9 pontos = excelente/bastante bom)	10/9 ☺ ☺		8/7 ☺		6/5 ☺		4/3 ☹		2/1 ☹ ☹	
A sua chegada e partida / Check-in, Check-out										
Os nossos colaboradores										
O ambiente da nossa casa										
O seu quarto de hóspedes (nº. |____|) e banheiro										
O nosso pequeno-almoço e outros serviços										
Valor médio:										
O seu comentário / sugestões: Local/data:										
Você nos recomenda? sim |__| não |__|										
O nome dela:	A sua morada:									
Podemos adicioná-lo à lista de convidados regulares? sim |__| não |__|										

Mais uma vez obrigado pela sua contribuição de qualidade!

Recomendação: Você pode colocar este questionário na pasta do seu hotel ou apresentá-lo na recepção quando fizer o check-out. A avaliação deve ser realizada semanalmente. Analise as avaliações negativas imediatamente e responda.

Os erros são úteis porque nos mostram o caminho!

2.7. Questionário: Convidado do restaurante

Caro Convidado,

Temos muito prazer em recebê-lo como nosso convidado. Em nossa casa damos grande importância à qualidade e absoluta satisfação dos hóspedes. Só podemos alcançar estes altos padrões com a sua ajuda. Portanto, pedimos-lhe que responda espontaneamente às seguintes perguntas. Agradecemos-lhe pelo seu esforço e esperamos vê-lo novamente.

Atenciosamente,   A gestão do seu restaurante

Como você avalia......... (10/9 pontos = excelente/bastante bom)	10/9 ☺ ☺		8/7 ☺		6/5 ☺		4/3 ☹		2/1 ☹ ☹	
Os nossos colaboradores										
O ambiente da nossa casa										
A qualidade dos nossos alimentos										
A qualidade das nossas bebidas										
A relação preço-desempenho										
Valor médio:										
O seu comentário / sugestões: Local/data:										
Você nos recomenda? sim |__| não |__|										
O nome dela:	A sua morada:									
Podemos adicioná-lo à lista de convidados regulares? sim |__| não |__|										

Mais uma vez obrigado pela sua contribuição de qualidade!

Recomendação: Alguns clientes da HOTQUA tiveram o questionário impresso em tapetes de cerveja. Isto é muito criativo, mas o armazenamento até a avaliação das bases de copos de cerveja provou ser suboptimizado. Portanto, estas bases de copos devem ser avaliadas prontamente. Ou pode-se procurar uma solução baseada na web imediatamente.

2.8. Questionário: Satisfação dos participantes da formação

Caro participante da formação,
nós damos grande importância à qualidade e à formação contínua. Só podemos alcançar estes altos padrões com a sua ajuda. Portanto, pedimos-lhe que responda espontaneamente às seguintes perguntas sobre o curso. Agradecemos-lhe antecipadamente pelo seu esforço.

Atenciosamente, a   sua gestão

Curso técnico:	Lugar:	Data:

Como se classifica........................ (10 / 9 pontos = muito bom)	10/9 ☺ ☺	8/7 ☺	6/5 ☺	4/3 ☹	2/1 ☹ ☹
O desenho do curso					
Os nossos oradores especializados					
A relevância prática do nosso curso especializado					
Nosso material técnico do curso					
Os nossos métodos especializados de curso					
Valor médio: (Será avaliado por nós)					
O seu comentário / sugestões:					
Você recomenda este curso a outros? sim |__| não |__|					
O nome dela:	A sua morada:				

Mais uma vez obrigado pela sua contribuição de qualidade!

2.9. Formulário: Plano de Emergência

Situações de emergência	Documento/Ação	Responsável
Emergência geral	Instrução de emergência	Gerente de Operações
Alarme	Lista telefónica / instruções	Gerente de turnos
Roubo	Lista telefónica / instruções	Gerente de turnos
Acidente de trabalho	Primeiro socorredor	Médico da empresa / BA
Falha de energia	Ligar para a lista telefónica GF	Gerente de turnos
Fogo / Fogo	Soar o alarme	Oficial de Segurança contra Incêndios
Danos causados pela água	Soar o alarme	Gerente de Operações
Tempestade em curso	Soar o alarme	Todos os supervisores
Acidente de trabalho	Primeiro socorredor	MOD

Assinatura: _________________________Data: __________

Recomendação: Por favor, desenvolva um plano de emergência e comunique-o. Trabalhe em estreita colaboração com o oficial de segurança contra incêndios.

2.10. Boletim informativo: Eu notei "MIAU".

Caros funcionários,
se você tem uma sugestão, crítica ou proposta, você pode preencher este lapso e passá-lo aos nossos oficiais de qualidade. As suas sugestões, propostas e/ou críticas serão avaliadas e registadas pelos representantes da qualidade.
O seu chefe de departamento e a gerência serão informados. Se for dada, a sua preocupação será trazida à discussão na próxima reunião de pessoal. Arquivamos todas as fichas "MIAU" no centro de documentação por até um ano.

Obrigado pela sua cooperação.   A gerência

Eu notei que....

____

____

____

Criado por (informação voluntária): ___________________Data: ___

Recomendação: Antes de distribuir esta folha, os funcionários devem ser informados que a folha MIAU pode ser usada como folha de reclamação, folha de sugestões ou folha de elogios.

2.11. Boletim informativo: Reunião de equipe

Data:	Escriturário:
Tempo: de a	A gerência:
Lista de participantes	
Nome	Assinatura
1	1
2	2
3	3
Tópicos da reunião e resultado	
Tópico da sessão	Resultado
1.	
2.	
3.	
Medida(s) possível(is)	
Descrição	Pessoa(s) responsável(eis)

Anotado (a ser assinado pelo pessoal não presente na reunião ou após a tomada de medidas):

Empregados	Assinatura	Data

Recomendação: Este formulário é importante para provar que certos tópicos foram discutidos e que os presentes tomaram nota dele. Os funcionários que não estiveram presentes na reunião têm o dever de se informar posteriormente (dever de ir buscar).

2.12. Exemplo de folha de descrição de funções

Operação:	Nome da empresa
Título do trabalho:	Nome do cargo de acordo com o organigrama
Aposto no emprego:	Apelido e nome próprio do titular do cargo
Designação da função:	Designação da função deste cargo: por exemplo, chefe de departamento, chefe de ala, etc.
Relação de excesso ou subordinação:	Integração organizacional do cargo de acordo com o organigrama
Substituição do titular do cargo:	Substituições pretendidas pelo titular do cargo e substituição do titular do cargo na sua ausência
Objetivos do cargo:	Breve descrição das principais tarefas do cargo em relação aos objectivos da empresa e aos objectivos de qualidade
Descrição do trabalho:	Breve descrição das actividades do titular do cargo, listadas de acordo com as tarefas principais e secundárias
Qualificação do titular do cargo:	Requisitos para o titular do cargo e qualificações necessárias relacionadas com este cargo
Equipamento de trabalho no local de trabalho:	Lista de equipamentos e auxiliares de trabalho disponíveis no local de trabalho para o ocupante do posto de trabalho
Poderes especiais:	Poderes especiais do titular do cargo associados ao cargo. Por exemplo, autoridade chave, autoridade da casa, compras, etc.

Anotado: Data:

Recomendação: Você pode usar este modelo para desenvolver qualquer descrição de trabalho.

2.13. Descrição do cargo: Representante de qualidade

Operação:	Nome da empresa
Departamento:	Gestão de operações
Designação da função:	Representante da Gerência Sênior = Representante da Gerência de Qualidade
Aposto no emprego:	
Os titulares de cargos reportam a:	Gestão/gestão de operações
Cooperação com:	Todos os empregados
Pessoal subordinado:	Todos exceto operacional/gestão
O titular do cargo deve ser representado:	Gerência da fábrica, responsável ambiental
Substituição:	Gerência da fábrica, responsável ambiental
Objectivo do posto:	Desempenhar tarefas de gestão da qualidade e saúde e segurança no trabalho, tendo em consideração os objetivos da política corporativa
Descrição das funções/ Tarefas e responsabilidades	<ul><li>Desenvolvimento e co desenho de padrões de qualidade e conceitos ambientais</li><li>Preparação de análises da concorrência</li><li>Verificar os processos organizacionais e a implementação, bem como os aspetos ambientais</li><li>Codeterminar a política de qualidade e de saúde e segurança no trabalho</li><li>Codeterminação da política de pessoal</li><li>Criar planos de treinamento e verificar a eficiência do treinamento</li></ul>

	• Revisão do sistema de gestão • Monitorização das normas de segurança no local de trabalho • Realizar referência (comparação com o melhor da classe) a intervalos regulares • Supervisão e otimização do sistema de gestão da qualidade e saúde e segurança no trabalho com formas de gestão ambiental
Equipamento de trabalho:	Hardware e software, normas de qualidade e segurança no trabalho, normas ambientais
Condições de trabalho:	Dependendo das necessidades, também horários de trabalho irregulares, por exemplo, domingos e feriados
Poderes especiais:	Orçamento de XYZ euros/mês para medidas de qualidade e segurança no trabalho. Tem todos os poderes profissionais e legais, incluindo o direito de dominação.

Assinatura: _______________________________Data: _____________

3. Padrões de Qualidade Gestão de Recursos Humanos

3.1. Instrução de trabalho: guia de encaminhamento

Nome: Departamento: Data:

Ação:	Entrega:	Abreviatura:
Admissão		
Cartão chave / chip		
Cartão de identificação do empregado		
Chave		
Uniforme		
Cacifo (Não.)		
Etiqueta com o nome		
Telefone / Bloco de notas		
documentos QM		
Manual do colaborador		
Ficha de dados completa		
Saída		
Cartão chave / chip		
Cartão de identificação do empregado		
Chave		
Uniforme		
Cacifo (Não.)		
Etiqueta com o nome		
Telefone / Bloco de notas		
Certificado emitido		
Informação aos colegas		
Questionamento antes de sair		
Certificado de primeiros socorros		
Cartão vermelho (F & B)		

Recomendação: Por favor, preencha este formulário para cada novo funcionário, peça-lhes que o assinem, preencham-no e depois arquivá-lo na pasta do pessoal.

3.2. Instrução de trabalho: Introdução de novos funcionários

Caro chefe de departamento,

Há um ambiente de trabalho muito bom na nossa empresa, que queremos manter. Hoje em dia esperamos um novo colega que irá trabalhar no seu departamento. A fim de dar as boas vindas ao nosso novo colega à empresa, pedimos-lhe que se lembre dos seguintes pontos, que estão listados na lista de verificação abaixo.
Atenciosamente, a sua gestão

Nome do novo empregado: ________________________
Emprego / Departamento:

____

Chegada: dia/hora: ________________________

- Apresentação do novo colega à equipa
- Mostrar o local de trabalho em detalhe,
- Descrição de funções, atribuição de tarefas
- Entregue as instruções de trabalho e os documentos QM
- Instrução no local de trabalho
- Explicar a política e os objetivos de qualidade
- Explicação dos costumes operacionais, regras, características especiais, mas também deficiências
- Identificar as necessidades de formação e transmiti-las ao representante da qualidade (atualizar o plano de formação).
- Possivelmente escolher e entregar a roupa de trabalho
- Notificar o centro de documentação para que o nome do novo funcionário seja adicionado à lista de distribuição.
- Identificar e apresentar pessoas de contato
- Observar a integração e perguntar sobre sua satisfação após três meses
- Presente de boas-vindas / ação de boas-vindas

Chefe de Departamento:
anotado em ________Assinatura: ________________

3.3. Lista de verificação: Seleção de funcionários

Nome do candidato: _______________________________

Certificado de saída da escola: _______________________________

Qualificação profissional : _______________________________

Referências: _______________________________

Como é que o
Contacte-nos: _______________________________

Emprego: Freelance __!　　　Empregado! __!　　　Mais tarde! __!

Briefing realizado:　　　Sim! __!　Não! __!　　　Mais tarde! __!

QMH entregue:　　　Sim! __!　Não! __!　　　Mais tarde! __!

Material informativo entregue : _______________________________

Taxa em euros: _______________________________
Local e data: _______________________________

Assinatura: _______________________________

Comente: _______________________________

A gerência:

Local/data: _______________________________

3.4. Lista de verificação: Pessoal com contacto de convidados

A lista de verificação abaixo ajuda a classificar o nosso pessoal com o contacto de convidados. A gerência avalia o pessoal duas vezes por ano. Se encontrarmos grandes discrepâncias na avaliação, falamos com o nosso pessoal sobre isso.

Nome do empregado:					
Departamento:					
Os nossos critérios de avaliação	10/9 ☺ ☺	8/7 ☺	6/5 ☺	4/3 ☹	2/1 ☹ ☹
Postura / Andamento					
Roupa/Calçado					
Cuidados com o corpo/Estilo do ar/ Maquilhagem					
Configuração/trabalho					
Expressão facial/gestões/sorriso					
Língua/expressão					
Autoconfiança					
Carisma/aparência convincente					
Pontualidade / Fiabilidade					
Competência profissional					
Pontos alcançados: (100 pontos no máximo)					
Comente:					

Assinatura: Data:

3.5. Questionário: Formulário de avaliação de pessoal

Nome:	O primeiro nome:				
Data:	Conduzido por:				
Critérios de avaliação (10/9 = Particularmente forte)	10/9 ☺☺	8/7 ☺	6/5 ☺	4/3 ☹	2/1 ☹☹
Quantidade de trabalho e qualidade de desempenho					
Resiliência & Flexibilidade					
Conhecimento especializado e consciência de custos					
Capacidade de organização e eficiência no trabalho					
Assertividade e liderança?					
Habilidades de comunicação e conflito					
Espírito de equipa e lealdade da empresa					
Orientado para a Decisão e os Objetivos					
Criativo & Aprendizagem					
Responsável					
Pontos alcançados:					
Forças:	Pontos fracos:				
medidas (por exemplo, formação):					

Assinatura: Data:

3.6. Questionário: Motivação do teste de auto-avaliação

Medir o nível de motivação / sucesso										
Data:	Particularmente forte / bastante fraco									
Imóveis	10/9		8/7		6/5		4/3		2/1	
Você persegue seus objetivos concretos com persistência? (Motivação)										
Podes mudar alguma coisa? Você é auto-eficaz?										
Você está de bom humor em relação aos seus objetivos? (sentimento)										
O que você acha, seus objetivos são alcançáveis? (Mente)										
Você tem um equilíbrio entre tensão e relaxamento?										
Estás ocupado no trabalho?										
És equilibrado em privado?										
Consegues aguentar-te?										
As suas capacidades profissionais são fortes?										
Eles podem desenvolver-se profissionalmente?										
Pontos alcançados:										
Os meus pontos fortes:	As minhas fraquezas:									

Só podemos motivar os outros quando o nosso nível de sucesso / nível de motivação está acima de 70%. Idealmente, acima de 80 pontos ou 80%.

Avaliação	Pontos ou %	O seu valor
Particularmente fortemente motivado	100-91	Sistema de semáforos: Verde = 81-100
Muito motivado	90-81	Amarelo = 61 - 80
Motivado	80-71	Vermelho = 00 - 60
Ainda motivado	70-61	
Potencial de motivação	60-51	
Desmotivado	50-00	

Assinatura: Data:

3.7. Questionário: Teste de auto-avaliação para gestores de pessoal

Data:	Particularmente forte / bastante fraco				
	10/9 ☺ ☺	8/7 ☺	6/5 ☺	4/3 ☹	2/1 ☹ ☹
Imóveis					
1. Você tem fortes habilidades analíticas e conceituais?					
2. Você tem boas habilidades verbais?					
3. Você tem um bom conhecimento da legislação trabalhista e de negociação coletiva?					
4. Você tem altas habilidades sociais e a capacidade de trabalhar em equipe?					
5. Você tem vários anos de experiência profissional em recursos humanos?					
6. Você pode inspirar?					
7. Consegues convencer os outros?					
8. Consegues aguentar-te?					
9. Você está aberto a novas idéias?					
10. Você está confiante?					
Pontos alcançados:					
Nome:	Operação:				
Os meus pontos fortes:	As minhas fraquezas:				

Avaliação	Pontos ou %	O seu valor
Particularmente fortemente motivado	100-91	Sistema de semáforos: Verde = 81-100
Muito motivado	90-81	Amarelo = 61 - 80
Motivado	80-71	Vermelho = 00 - 60
Ainda motivado	70-61	
Potencial de motivação	60-51	
Desmotivado	50-00	

Assinatura: Data:

3.8. Questionário: Entrevista

Nome do candidato:										
Data:	Particularmente forte / bastante fraco									
Critérios avaliados	10/9 ☺☺		8/7 ☺		6/5 ☺		4/3 ☹		2/1 ☹☹	
1. Expressividade & Persuasão										
2. Carisma & Entusiasmo										
3. Especialização e experiência profissional										
4. Criatividade e Perceção										
5. Adaptativo & Dinâmico										
6. Motivação e determinação										
7. Aberto & Fidedigno										
8. Independente & autoconfiante										
9. Competência social e capacidade de trabalhar em equipe										
10. Eloquente e línguas estrangeiras										
Pontos alcançados:										
Forças:	Pontos fracos:									

Avaliação	Pontos ou %	O seu valor
Particularmente fortemente motivado	100-91	Sistema de semáforos: Verde = 81-100
Muito motivado	90-81	Amarelo = 61 - 80
Motivado	80-71	Vermelho = 00 - 60
Ainda motivado	70-61	
Potencial de motivação	60-51	
Desmotivado	50-00	

Assinatura: Data:

3.9. Boletim informativo: Pedido de Entrevista

Candidato						Data
Classificação em percentagens /características	100	80	60	40	20	Comente
1. Competência profissional/ pré-requisito						
2. Informado /Lido						
3. Comportamento no trabalho/vontade para o trabalho						
4. Estilo de liderança / comportamento						
5. competência social						
6. Vontade de realizar / motivação						
7. Competência comunicativa						
8. Vontade de aprender/abrir a coisas novas						
9. Linguagem corporal / Carisma						
10. Impressão geral / aparência						
Resultado: (valor médio)						

Avaliação	Pontos ou %	O seu valor
Particularmente fortemente motivado	100-91	Sistema de semáforos:
Muito motivado	90-81	Verde = 81-100
Motivado	80-71	Amarelo = 61 - 80
Ainda motivado	70-61	Vermelho = 00 - 60
Potencial de motivação	60-51	
Desmotivado	50-00	

Anotado: Data:

3.10. Boletim informativo: Visita ao hotel

OK	NR	Lugar a visitar	Nota
	1	Ponto de encontro / ponto de reunião	
	2	Edifício da administração com:	
		Escritório de pessoal	
		Escritórios Administrativos	
	3	Hotel com:	
		Escritório de receção	
		Lobby/ Entrada	
		Quarto de hóspedes	
		Salas de reunião	
	4	Restaurante com:	
		Bar	
		Cozinha e armazém	
		Restaurante e terraço	
	5	Área de Bem-Estar	
	6	Instalações ao ar livre:	
	7	Outros pontos turísticos	

Novo colega____________________________________

Padrinho

Data _________________________________

3.11. Boletim informativo: Entrevista de emprego

Candidato						Data
Classificação em percentagens /características	100	80	60	40	20	Comentário
1. Competência profissional/ pré-requisito						
2. Informado /Lido						
3. Comportamento no trabalho/vontade para o trabalho						
4. Estilo de liderança / comportamento						
5. competência social						
6. Vontade de realizar / motivação						
7. Competência comunicativa						
8. Vontade de aprender/abrir a coisas novas						
9. Linguagem corporal / Carisma						
10. Impressão geral / aparência						
Resultado: (valor médio)						

Avaliação	Pontos ou %	O seu valor
Particularmente fortemente motivado	100-91	Sistema de semáforos: Verde = 81-100
Muito motivado	90-81	Amarelo = 61 - 80
Motivado	80-71	Vermelho = 00 - 60
Ainda motivado	70-61	
Potencial de motivação	60-51	
Desmotivado	50-00	

Anotado: Data:

3.12. Descrição do cargo: Gestão de pessoal

Organização:	Nome da empresa
Título do trabalho:	Gerente de Recursos Humanos
Aposto no emprego:	Apelido e nome próprio do titular do cargo
Relatórios de ocupantes a......	Reportar-se diretamente à Comissão Executiva
Substituição do titular do cargo:	Responsável de pessoal ou diretor-geral adjunto
Objetivos do cargo:	Gestão responsável e bem-sucedida do departamento de recursos humanos Desenvolver estratégias de recrutamento para responder a futuras necessidades de recrutamento Desenvolver e implementar planos de desenvolvimento de carreira Reforço da igualdade de oportunidades no local de trabalho
Descrição do trabalho:	Planejamento, recrutamento e distribuição de pessoal Revisão dos aspetos económicos e humanos da afetação de pessoal Desenvolvimento dos recursos humanos através da educação, formação e educação contínua dos colaboradores Avaliações regulares dos empregados Gestão de pessoal

Qualificação do titular do cargo:	Formação ou estudos completos e/ou vários anos de experiência no sector dos recursos humanos
Equipamento de trabalho no local de trabalho:	PC com software de pessoal (programas de contabilidade de tempo)
Poderes especiais:	O titular do cargo tem poderes especiais na área de desenvolvimento de pessoal e gestão de talentos.
Local/data:	Assinatura:

3.13. Verificação da gestão do conhecimento

Tópicos de formação / Departamento	GF	Hotel	F&B
Direito do Trabalho			
Segurança no trabalho			
Protecção contra incêndios			
Contabilidade			
Proteção de dados			
Inglês			
Primeiros socorros			
Administração doméstica			
Higiene / HACCP			
Comunicação			
Gestão de conflitos			
Treinamento de motivação			
Gestão de qualidade			
Tecnologia / Manutenção			
Gestão ambiental			
Vendas e aquisições			
Contratos / Direito			
Gestão do tempo			

Recomendação. Para estar sempre atualizado com a mais recente tecnologia, recomendamos 2 treinamentos por funcionário. Não são contabilizadas as formações obrigatórias (saúde e segurança no trabalho, proteção contra incêndios, proteção de dados, HACCP e formação em primeiros socorros).

4. Escritório de normas de qualidade e administração

4.1. Instrução de trabalho: períodos de retenção e arquivamento

Passos/Atividade	Descrição do fluxo de trabalho / Descrição das atividades em forma resumida	Pessoas Responsáveis
Armazenamento	Armazenamento da documentação da QM: 3 anos o manual QMH / gestão da qualidade, também eletronicamente 3 anos Informação documentada, também eletronicamente Avaliações de 1 ano, formulários preenchidos, também eletronicamente	
	1 ano de correspondência normal	
	10 anos Documentos do fisco	
	Outros documentos	
Arquivamento	Papel: Arquivamento em pastas de acordo com os clientes	
	Outlook: e-mails importantes em pasta por cliente	
	Documentos eletrônicos: em pasta por cliente	

Assinatura: Data:

4.2. Instrução de trabalho: backup de dados do PC

Passos	Descrição do fluxo de trabalho / Descrição das atividades em forma resumida	Pessoas Responsáveis
Salvar	Cada empregado com um PC guarda os dados no seu computador. Estes dados são armazenados mensalmente em um disco rígido externo.	
Mensagens de erro	Se surgirem problemas, o gerente do escritório é notificado.	
	Dependendo do tipo de erro, o gerente do escritório resolve o problema ele mesmo ou o supervisor externo do PC é chamado.	
Análise de erros	Após o problema ter sido resolvido, segue-se uma análise de falhas para evitar problemas semelhantes no futuro	

Assinatura: Data:

4.3 Lista de verificação: Procedimento e atividades do escritório (exemplo)

Exemplo: Rotina de escritório e atividades recorrentes para pessoal administrativo em uma pequena empresa.

- Pessoal 1 (mesmo semanas de calendário)
- Empregado 2 (semanas ímpares do calendário)
- Horário central do escritório: 9:00 - 17:00

• Fazer café, arejar, arrumar a sala de reuniões/ cozinha/ administração/ limpar o chão, esvaziar cestos de papéis	
• Distribuir correio / Caixa de entrada	
• Ouvir o atendedor de chamadas e possivelmente editá-lo (callback)	
• Verificar e responder e-mails	
• Registro de horas dos empregados	
• Facturamento / Controle	
• Preparação da tabela de facturamento para a gerência	
• Colocar anúncios de emprego no quadro de empregos	
• Revisão das candidaturas recebidas	
• Convite telefónico para a entrevista	
• Serviço telefónico	
• Atendimento ao cliente	
• Correspondência	
• Pedido de material de escritório	
• Encomenda de material de cozinha (leite, café, açúcar) para a cozinha no chão do escritório	
• Monitorização dos prazos de formação dos especialistas dos clientes, por ex., HACCP	
• Editar criação de empregados	
• Leve o correio consigo (caixa de correio)	
• Trabalho preparatório para a gestão	

Assinatura: Data:

4.4.Lista de verificação: Avaliação de fornecedores

Nome do fornecedor:

Critérios de seleção e avaliação de fornecedores / prestadores de serviços	10/9 ☺☺		8/7 ☺		6/5 ☺		4/3 ☹		2/1 ☹☹	
Qualidade dos bens e/ou serviços										
Satisfazer as nossas exigências										
Referências										
Relação preço/desempenho										
Fiabilidade										
Informações detalhadas do produto fornecidas										
Suporte oferecido (suporte técnico)										
Flexibilidade e interesse										
As nossas eventuais ações corretivas são apoiadas										
Certificado ISO 9001?										
Pontos alcançados: Muito bom = 100-90 pontos; Bom = 90-80 P, Ainda bom = 80-70 P	Os fornecedores que recebem menos de 70 pontos já não estão listados na lista de fornecedores.									
Qualquer queixa ou reclamação:										

Escriturário: Data:

Aprovado (restos mortais/recursos na lista)   Sim|__|Não|__|__

Recomendação: Por favor, avalie os seus principais fornecedores pelo menos uma vez por ano. Se o fornecedor não atender às suas necessidades, fale com ele ou mude imediatamente. Lembre-se também de excluí-los da lista de fornecedores.

4.5 Formulário: Registro do treinamento de trabalho

Tópico de instrução:	Data:

Resumo:

Presente	Veja a lista abaixo		
Primeiro nome	Nome	Departamento & Função	Abreviatura & Assinatura
1.			
2.			
3.			
4.			
5.			
6.			
7.			
8.			
9.			
10.			

Assinatura: Data:

Recomendação: Por favor, forneça o manual de instruções e pense na segurança no trabalho cada vez que comprar um aparelho (elétrico).

4.6 Formulário: Lista de assinaturas

Nome/sobrenome	Posição	Abreviatura	Assinatura

Verificado: Data:

4.7 Circular: Lista de fornecedores

Fornecedor	Contato	Produto/Serviço	Comentário
1.			
2.			
3.			
4.			
5.			
6.			

Assinatura: Data:

4.8 Descrição do cargo: Escritório & Administração(exemplo)

Operação:	
Título do trabalho:	
Aposto no emprego:	Empregados 1
Relação excesso/baixo:	Diretor Geral
Substituição	Empregados 2
Objetivos do cargo:	Interação competente e amigável com convidados/parceiros e interlocutores
Descrição do trabalho:	<ul><li>Atender e reencaminhar chamadas telefónicas recebidas,</li><li>Verificação de conta bancária</li><li>Encomenda de material de escritório,</li><li>Diversos trabalhos adicionais nas áreas de QM e seminários,</li><li>Impressão dos certificados de participação</li><li>Acolhimento e hospitalidade de clientes/clientes/parceiros</li><li>Envio e distribuição por fax,</li><li>Mantendo visões gerais no computador</li><li>Revisão e melhoria de documentos de qualidade</li><li>Abrir o correio de entrada e pré selecioná-lo para as áreas individuais</li><li>Verificação do documento</li><li>Papelada</li><li>Preparar o correio de saída para envio,</li><li>Preparação dos documentos do seminário</li><li>Preparação de documentos para a contabilidade</li><li>Contribuições da QM e UM</li></ul>
Qualificação do titular do cargo:	Línguas estrangeiras, organização do escritório Conhecimento de contabilidade
Equipamento de trabalho no local de trabalho:	Telefone, computador, impressora, Documentos QM e UM
Poderes especiais:	Autoridade chave e representação da empresa

4.9 Agir de forma sustentável e ambientalmente consciente no escritório

Critérios de teste/ O quê/onde/como	Grau de cumprimento em %						Comentário/ Quem/ Quando/ Com o quê
	100	80	60	40	20	0	
1. Poupe energia							
2. Lâmpadas economizadoras de energia							
3. Sistema de aquecimento 90% de efeito							
4. Poupe papel (imprimir em ambos os lados, reutilizar)							
5. Não aqueça água quente com eletricidade!							
6. Evite a acumulação de calor							
7. Distribuidores automáticos de luz							
8. Controle de Água/Esgoto							
9. Separar os resíduos							
10. Os fornecedores aceitam as embalagens de volta							
O que mais podemos salvar?							

Recomendação: Por favor preencha e analise esta lista de verificação 1-2 vezes por ano. Encontrará sempre possibilidades de otimização que conduzem a uma melhor utilização dos recursos naturais.

4.10. Indicadores ambientais complementares

Indicadores	1 ano	2- Ano	3 anos
Energia			
Água			
Óleo / Aquecimento			
Produtos de limpeza			
Papel (impressora)			
Cartuchos de impressão			
Lixo / Resíduos			
Gasolina / Empregados			
Diesel / Empregados			

Recomendação: Com base nas contas, você pode anotar o consumo anualmente e compará-lo com outros anos.

4.11. Lista de verificação UM suplementar: O que posso fazer, o que devo fazer

o Sistemas automáticos de desligamento e controle (monitores de limite máximo, temporizadores, comutação central, etc.)

o Sistemas de aquecimento eficientes (caldeira de condensação a gás, unidade combinada de calor e energia, bomba de calor, coletores solares, etc.)

o Utilização de lâmpadas economizadoras de energia, modernas lâmpadas fluorescentes e tecnologia LED

o Eletrodomésticos com eficiência energética (máquinas de lavar roupa, frigoríficos com eficiência energética classe A,A+,A++)

o Treinamento de funcionários sobre ventilação correta (ventilação por choque) no inverno

o Eletricidade de fontes renováveis (energia eólica ou hídrica, solar fotovoltaica)

o Prevenção de consumo em stand-by e energia

o Isolamento térmico do edifício (janelas, paredes exteriores e sótão)

o Recuperação de calor do ar de exaustão da ventilação e de unidades de refrigeração

4.12. Lista de verificação EMS suplementar: Formação de pessoal

- Aquisição de produtos com rótulos ecológicos internacionais/nacionais (alimentos, vernizes, tintas, agentes de limpeza, etc.)
- Encorajar os funcionários a utilizar bicicletas ou transportes públicos
- Recolha anual de dados sobre energia, água, consumo químico e volumes de resíduos
- Compra de produtos agrícolas de cultivo ecológico/orgânico
- Prevenção e redução de ruídos
- Procura de produtos e serviços regionais (alimentação, mobiliário, empresas especializadas, etc.)

- Treinamento dos funcionários no manuseio adequado de equipamentos e sistemas, bem como no manuseio correto de substâncias perigosas (mercadorias perigosas).

- Treinar o pessoal na gestão eficaz da recolha e separação de resíduos, consumo de água e energia e conservação de recursos (por exemplo, dosagem correta de detergentes e agentes de limpeza, etc.).
- Aumentar a consciência ambiental entre colaboradores e fornecedores (comunicação ambiental)

5. Padrões de qualidade de marketing e vendas

Nota: Os padrões de qualidade abaixo incluem ferramentas clássicas de marketing e vendas e não soluções online.

5.1 Instrução: Aquisição / visita a clientes e feiras de negócios

O sucesso de uma viagem de negócios depende de quatro fatores principais:
- o objetivo da visita/viagem,
- preparação sistemática,
- a condução das negociações de venda
- o acompanhamento da visita/viagem.

A tabela abaixo destina-se a ajudá-lo a preparar-se para uma visita / "viagem de vendas":

Feito	Data	Atividade	Comente
Objetivo da visita / viagem			
		Selecione o grupo alvo	
		Verificar grupo alvo	
		Cidade / Região / País	
		Hora da viagem	
		Seleção de ofertas adequadas	
		Orçamento de viagem disponível	
		Metas quantificadas	
Preparação sistemática			
		Endereços de ordem de acordo com as prioridades (ABC)	
		Anunciar a visita por escrito	
		Compilar documentos de publicidade e vendas, relatório de vendas	
		Definir itinerário	

Condução das negociações de venda			
		Prepare bem as entrevistas, crie listas de verificação individuais,	
		Conduzir conversas de vendas convincentes, ver lista de verificação 5 etapas de vendas (saudação, determinação de desejos, oferta, venda, despedida).	
		Criar relatório de vendas	
		Satisfazer de imediato desejos urgentes	
Acompanhamento			
		Acompanhamento sistemático das negociações de vendas (ver relatório de vendas)	
		Encaminhar pedidos de orçamento	
		Ofertas apresentadas?	
		Atualizar base de dados	
		Informe-se com o cliente por telefone	

5.2 Instrução de trabalho: Análise do concorrente

Quem são os nossos concorrentes e quais são as suas ofertas? As ofertas deles são melhores do que as nossas? Eles apelam a um grupo alvo mais "lucrativo", financeiramente mais forte do que nós? Que preço é que eles têm? Que instrumentos de preços utilizam e que medidas publicitárias levam a cabo?
Para podermos responder a estas perguntas, comparamo-nos com os três concorrentes mais fortes (K1, K2, K3). Listamos os critérios de comparação e atribuímos notas/pontos (1 = muito bom, 2 = bom, 3 = satisfatório, 4 = pobre, 5 = insuficiente). Quanto menor o número total de pontos, mais bem-sucedida ou melhor é a empresa.

Análise da concorrência:

Critérios de comparação & concorrência Notas: 1= muito bom; 2= bom, 3= satisfatório; 4= pobre; 5= insuficiente	Nós	K1	K2	K3
Como se compara a nossa localização com a dos nossos concorrentes?				
Como é a qualidade das nossas ofertas em comparação com as dos nossos concorrentes?				
Temos mais quartos do que a concorrência?				
Temos mais instalações de reunião / salas de reunião do que a concorrência?				
Temos mais lugares no restaurante do que a concorrência?				
A nossa consciência de marca é maior do que a dos nossos concorrentes? / Imagem				
Os nossos convidados / clientes são mais fortes financeiramente do que os nossos concorrentes?				
Como se compara o nosso preço com o da concorrência?				
A nossa política de pessoal é melhor do que a dos nossos concorrentes?				
As nossas medidas publicitárias são mais eficazes do que as dos nossos concorrentes?				
Pontos alcançados: (Atenção: quanto menos, melhor)				

5.3 Instrução de trabalho: Planejamento e conceção de novas ofertas

Ação	Comentários (Responsabilidade)
1. criar ideias	Passivo: São apresentadas propostas sobre os nossos clientes, parceiros e colaboradores. Ativo: Caixa de Ideias / Sugestões para melhorar 1x por ano "brainstorming" com todos os departamentos sobre o tema dos novos serviços como parte do planeamento orçamental para o ano seguinte. Ancorar a apresentação de novas idéias como um objetivo qualitativo no sistema premium. Comité de Produto Chefe de Departamento - Conferências Serviços até à data ↔ Grupos-alvo Serviços anteriores novos ↔ grupos-alvo Novos serviços anteriores ↔ grupos-alvo Novos serviços ↔ novos grupos-alvo ↔ 10%
2. Assumir a responsabilidade pelas ideias.	A responsabilidade é atribuída a um MA
3. Pesquisa de mercado	Se necessário
4. Análise da concorrência	Os concorrentes são analisados
5. estudo de viabilidade	Entre outras coisas, a implementação da produção de serviços é revista com a ajuda de recursos internos e externos. Além disso, são preparados planos de negócios, planos de custos, cronogramas e uma análise de riscos.

6. definição do grupo-alvo / segmentação de mercado	Definição de Setor, tamanho da empresa, funcionários Perguntas: Existe uma demanda correspondente / potencial de mercado? Existe uma demanda correspondente / potencial de mercado a ser criado / demanda a ser despertada? É economicamente viável para o cliente?
7. Posicionamento	O desempenho do serviço corresponde à nossa filosofia?
8. Fase piloto - implementação	Responsável pela implementação é o departamento de marketing
9. avaliação da fase de teste; adaptar o estudo de viabilidade	Com base na experiência adquirida, os planos serão ajustados.
10. Ancorar na organização.	Novo serviço a ser integrado no departamento especializado.
11 Definição de serviço	O serviço é definido em conjunto com o departamento especializado
12 Início / Principio	Introdução do novo serviço de acordo com o plano

74

5.4 Instrução de trabalho:
Análise de Pontos Fortes e Pontos Fracos, com a USP

Área hoteleira:

Pontos fortes	Pontos fracos
•	•
USP / Nossa singularidade: •	

F&B: Área:

Pontos fortes	Pontos fracos
•	•
USP / Nossa singularidade: •	

Eventos:

Pontos fortes	Pontos fracos
•	•
USP / Nossa singularidade: •	

5.5 Instrução de trabalho: Estratégias de vendas

Sete passos para o sucesso
A nossa estratégia de vendas incorpora os resultados e conclusões
dos pontos anteriores. A estratégia a seguir baseia-se em sete etapas
que podem ser usadas no planejamento de vendas para um novo ano
ou também devem ser consideradas no planejamento para o trimestre
ou mês:

Não.	Passos	Comentários
1.	Definição de metas (planejamento aproximado)	•
2.	Ferramentas de vendas	•
3.	Planejamento de resultados (planejamento detalhado)	•
4.	Instrumentos de controle	•
5.	Planejamento de recursos / planejamento de recursos	•
6.	Implementação	•
7.	Controlo & Correções	•

5.6 Instrução de trabalho: Análise do grupo-alvo

Por favor, pense nas necessidades e expectativas, assim como nas suas ofertas e serviços.

Hotel:

Oferta/ Serviço	Grupo-alvo	Necessidades/expectativas

Restaurante:

Oferta / Serviço	Grupo-alvo	Necessidades/expectativas

Eventos:

Oferta / Serviço	Grupo-alvo	Necessidades/expectativas

Bem-estar:

Oferta / Serviço	Grupo-alvo	Necessidades/expectativas

5.7 Questionário: Plano de Ação Promocional

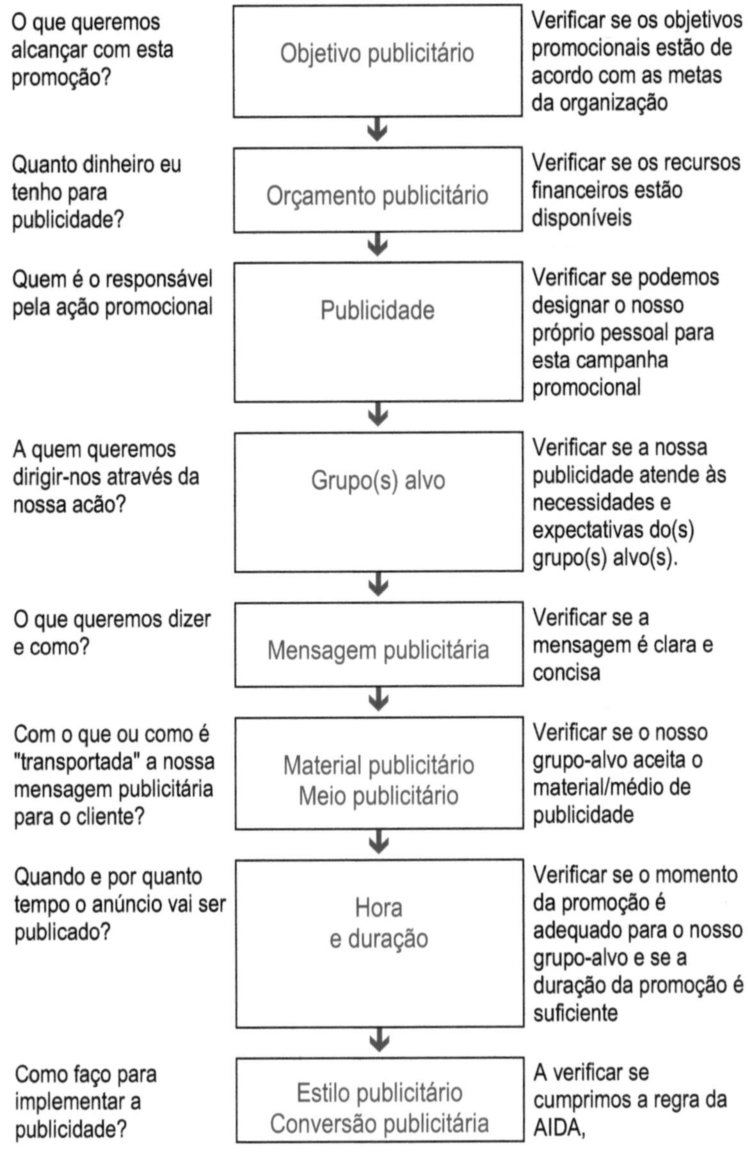

Fórmula AIDA

A publicidade e a conversa sobre vendas, de acordo com a AIDA, são particularmente eficazes.

Atenção	Gerar atenção, criar um ambiente de vendas e acolher o cliente
Interesse	Interesse, recolher informações, determinar os desejos e interesses de compra dos clientes
Desejo	Desejo / desejo: Apresentar ofertas concretas com base na determinação do desejo, oferecer soluções para os problemas, se necessário
AÇÃO	Ação / Conclusão / Contrato de compra e venda: Traga a decisão de compra e aceite o pedido.

5.8 Descrição do cargo: Gerente de vendas

Operação:	
Departamento:	Administração
Designação da função:	Gerente de Vendas
Aposto no emprego:	Nome do atual titular do cargo
Os titulares de cargos reportam a:	Administração
Cooperação com:	Todos os departamentos
Pessoal subordinado:	Empregados do Departamento de Administração
O titular do cargo deve ser representado:	Administração
Substituição:	Todos os chefes de divisão, incluindo a gerência da fábrica
Objectivo do posto:	O gestor de vendas é o principal responsável pela rentabilidade e utilização ótima da capacidade. A sua posição é uma posição de pessoal. Ele é corresponsável pela política de preços do negócio.
Descrição das funções/ Deveres e responsabilidades:	• Aconselhamento a clientes e clientes • Desenvolvimento e venda de acordos • Análises económicas e de vendas • Análise e otimização do local de trabalho • Planejamento de médio e longo prazo das atividades de vendas • Criar previsões a curto e médio prazo • Desenvolvimento/coordenação do plano de marketing

	<ul><li>Aumentar a produtividade através de treinamento</li><li>Assistência no desenvolvimento de padrões de qualidade</li><li>Aconselhar a gerência do escritório para maximizar o sucesso geral do</li><li>Outras atividades não listadas aqui mas que podem ser encomendadas pela gerência do hotel</li></ul>
Equipamento de trabalho:	Software que apoia as atividades de vendas e marketing, hardware QMH e outros documentos de qualidade
Condições de trabalho:	Dependendo das necessidades, também horários de trabalho irregulares, por exemplo, domingos e feriados
Poderes especiais:	<ul><li>Não tem poder de decisão, mas tem a responsabilidade de informação e consulta.</li><li>Podem ser atribuídos poderes especiais pelo Comitê Executivo por um período de tempo limitado.</li></ul>

Assinatura: Local/data:

Perspetivas

Parabéns!

A presente parte 1 com os padrões de qualidade para a gerência mostra como as instruções de trabalho, listas de verificação, circulares, modelos e descrições de trabalho são usados eficientemente. Ao agir de forma sustentável e ambientalmente consciente, a gestão atinge um valor acrescentado significativo, que se reflete no aumento da eficiência económica e na satisfação dos colaboradores.

A Parte 2 contém os padrões de qualidade sustentáveis e amigos do ambiente para o sector hoteleiro. Estão incluídos os padrões de recepção e reservas, manutenção e tecnologia, bem como bem-estar e beleza.

Na Parte 3 você encontrará padrões de qualidade sustentáveis e ecológicos para o setor de restaurantes com; padrões para café da manhã e restaurante, cozinha e catering, eventos e funções.

Boa sorte e confiança, o seu

Frank Höchsmann					Berlim, Verão 2021

O autor Frank Höchsmann

Frank Christian Höchsmann;

- É um economista de negócios e auditor de qualidade de acordo com a DIN EN ISO 9000 ff.
- Ele pode contar com muitos anos de experiência internacional como representante, gerente e auditor de qualidade.
- Ele trabalhou para empresas e organizações internacionais durante vários anos.
- No decurso da sua carreira, foi formador de mais de 12.000 profissionais e gestores.
- Foco: Gestão de qualidade e sustentabilidade, bem como gestão de projetos internacionais.

Livros de referência publicados

- Cinco pasos de la venta (Espanhol)
- Conceito de marketing eficiente (alemão, inglês, espanhol, português)
- Escritório de Frente (Espanhol)
- Gestão Hoteleira (Espanhol)
- Administração Interna (Espanhol)
- Administração da casa (alemão, inglês, espanhol, português)
- Gestão de higiene, (alemão, inglês, espanhol)
- Maître d'Hotel (Espanhol)
- Gestão de pessoal para hotéis e restaurantes (alemão, inglês, espanhol)
- Padrões de qualidade para hotéis (alemão, espanhol)
- Padrões de qualidade no restaurante, (alemão, espanhol)
- Qualidade de serviço (alemão, inglês, espanhol)
- Servir con estilo (Espanhol)
- Padrões de qualidade sustentáveis e amigos do ambiente para hotéis e restaurantes

Seminários, webinars, cursos online

Workshops para profissionais:

- o Comunicação bem-sucedida com o convidado
- o Limpeza da casa e limpeza da casa
- o Gestão de Higiene de acordo com HACCP
- o Vendas e vendas adicionais
- o Reclamações e queixas de hóspedes
- o Qualidade de serviço do ponto de vista do hóspede

Workshops para gestores:

- o Proteção de dados de acordo com EU-DSGVO
- o Conceito de marketing eficiente
- o Gestão de conflitos
- o Padrões de qualidade sustentáveis
- o Gestão de Recursos Humanos
- o Gestão de qualidade ISO 9001
- o Gestão de reclamações
- o Gestão de vendas

Frank Höchsmann
Gestão da higiene na cozinha e serviço
Gestão de higiene facilitada
Seu sucesso é nosso objetivo

Frank Höchsmann
Housekeeping Management
Sucesso no setor de limpeza
O seu sucesso é o nosso objetivo

Frank Höchsmann
Conceito de marketing eficiente para hotéis e restaurantes
Estratégias de marketing para o anfitrião orientado para o futuro
Seu sucesso é nosso objetivo

TESTE DE QUALIDADE

Os nossos testes desenvolvidos incluem mais de 100 critérios de qualidade.
Os testes de qualidade podem ser realizados pelas próprias empresas utilizando os testes online HOTQUA (gratuitos) ou pelos inspetores Hotqua como parte de um teste anónimo (teste de mistério).

Benefícios das verificações de qualidade:
- Registo objetivo da qualidade do serviço
- Avaliação sistemática em texto e imagem
- Deteção precoce de pontos fracos
- Recomendações detalhadas no relatório do teste

Aqui está a lista de testes online disponíveis para você em www.hotqua.de/online-tests:
- Verificação de gestão
- Verificação da segurança no trabalho
- Teste de hotel
- Verificação do quarto
- Verificação da casa de banho
- Teste de restaurante
- Pessoal de verificação de higiene
- Higiene Verificar Alimentos
- Cozinha de verificação de higiene
- Lista de temperatura HACCP
- Teste de conceito de marketing
- teste de presença na Internet
- Questionário sobre protecção de dados
- Satisfação dos colaboradores
- Medição da motivação
- Participante da formação
- Verificação de sustentabilidade

Por último, mas não menos importante, um pedido:

Caros Interessados na Qualidade,
Se você tiver alguma sugestão, crítica ou proposta, você pode preencher este papel e passá-lo aos nossos oficiais de qualidade. As suas sugestões, propostas e/ou críticas serão avaliadas e registadas com gratidão.
Se dado e desejado, a sua sugestão será considerada na próxima edição.

Obrigado pela sua cooperação.   Frank Höchsmann

Eu notei que....

____

____

____

____

Favor enviar para Martha Cecilia Höchsmann Lozano:
m.hoechsmann@hotqua.de